La niñera

Por: Jennifer Degenhardt

This book's story and characters are fictitious. Names, characters, and incidents are the products of the author's imagination. Any resemblance to actual persons is purely coincidental. The immigrant journey to the United States and the struggles experienced, however, are very real.

To my parents, who encouraged me to apply, and found the funds for me to spend a year in Bolivia. It was there that I was first introduced to Spanish and where the affinity for the language and culture began.

ÍNDICE

AGRADECIMIENTOS

Thank you to the following people assisted in getting this book to a readership:

José Salazar, benevolent editor, for helping with the nuances of the language.

Stephanie Mancini, for editing and helping to fix inconsistencies in the content.

Tara Allen, for continued support and for connecting me with the student artist in her class.

Liam Morrill, high school student at the time, for the beautiful cover art.

Capítulo 1

Yamila

Me llamo Yamila Sánchez Rivera. Como muchas personas de herencia mexicana, mi pelo es negro y mis ojos son cafés. No soy alta, pero no soy baja. Soy mediana. Soy mediana de peso también: no soy gorda, pero no soy flaca. Mi piel es morena; el color de café con leche. Es muy bonita. Yo tengo 16 años y soy residente de Duckston, pero no soy de Duckston originalmente.

Vivo aquí con mi familia. Mi familia es pequeña; sólo hay tres personas: mi mamá, mi hermano menor y yo. Mi hermano se llama Claudio y tiene 11 años. Mi mamá se llama Luz. Ella es la niñera para los tres hijos de la familia Collins por muchos años. Los hijos ya son grandes y no necesitan niñera, pero mi mamá todavía trabaja allí.

Los Collins, la familia donde trabaja mi madre, tienen una casa enorme en la playa de Duckston. Es una casa gris con blanco. Tiene cinco dormitorios, siete baños, tres salas y un salón de jugar para los hijos. También hay garaje para cuatro carros, y claro, la familia tiene cuatro carros. Yo conozco bien la casa de la familia Collins porque paso mucho tiempo allí con mi mamá y Ashley, la hija de la familia y mi mejor amiga.

Capítulo 2

Ashley

Mi nombre es Ashley Collins. Soy de Duckston y he vivido[1] aquí toda mi vida. Estoy en el tercer año del colegio. Soy como muchas de las chicas en Duckston: soy alta, delgada y atlética. Mis dientes son perfectos también. Tengo pelo largo, liso y rubio, y mis ojos son azules. Durante el verano mi piel está muy bronceada, pero soy un poco más pálida durante el invierno.

En mi familia hay cinco personas: mi padre, mi madre y mis hermanos. Mi padre se llama Richard, pero todos lo llaman Rit, y mi madre se llama Paige. Mis hermanos se llaman Grant y Harrison. Harrison tiene 12 años y Grant tiene 15 años. Y como muchas familias tenemos dos mascotas, un perro y un gato.

---

[1] I have lived

Mi padre trabaja en la ciudad de Boston. Es abogado. Él nunca está en casa porque siempre trabaja. Mi madre no trabaja, como muchas de las madres en Duckston. Juega al tenis, asiste a reuniones para el grupo de voluntarias y casi todos los días sale para almorzar con sus amigas. Como yo, mis hermanos son estudiantes. Harrison es estudiante de la escuela intermedia y Grant asiste a Duckston High School conmigo.

Hay otras personas que son parte de mi familia también, pero ellas no viven con nosotros. Nuestra niñera se llama Luz. Ella es mexicana y ha trabajado[2] para nuestra familia por 18 años. Ella tiene dos hijos, Yamila y Claudio. Yamila es mi mejor amiga.

Mi familia vive en una casa normal. Está en una playa privada. En el garaje mi padre tiene su carro Mercedes, mi madre tiene su SUV

---

[2] she has worked

BMW y yo tengo un carro Audi. El otro carro es «el carro del verano» de mi papá, un MG clásico del año 1959. También tenemos dos botes, uno de motor y el otro de vela.

Me encanta vivir en Duckston, especialmente durante el verano, pero nosotros no pasamos mucho tiempo aquí en el verano porque tenemos una casa en la isla de Nantucket. Por seis semanas en junio, julio y agosto, nosotros estamos allí. En el invierno pasamos mucho tiempo en Vermont en una de las casas de mi abuela. ¡Mi familia esquía mucho! Vivimos una buena vida, pero es una vida normal.

Cápitulo 3

Yamila

Duckston es un pueblo en la costa de Nueva Inglaterra de uno de los estados más pequeños de los Estados Unidos. El clima aquí es perfecto. En la primavera hace sol y hace fresco. El verano es similar. Hace más calor, pero el tiempo es bueno y mucha gente sale para participar en las actividades afuera. En otoño cuando los estudiantes vuelven a la escuela, las hojas de los árboles cambian a muchos colores como rojo, amarillo y anaranjado. Hace fresco con una brisa. ¡Perfecto! En el invierno hace más frío, pero el pueblo es muy bonito cuando hay mucha nieve porque todo está blanco.

—Mami, ¿cuántas personas hay en Duckston? Necesito saber para la tarea de historia —yo pregunté a mi mamá una noche.

—No sé, hija. Tienes que investigar la información en el internet —contestó mi mamá. Saqué mi computadora y busqué la información en Wikipedia. Leí la información.

Duckston tiene una población de unos 15.000 personas y está entre dos ciudades con bastante diversidad étnica, Kingly y Marshtown. Pero casi todas las Duckstoños - 98% - son blancos.

En el pueblo hay muchos bancos, oficinas de bienes raíces, iglesias y dos estaciones de tren. Muchos de los hombres llegan cada mañana a las estaciones para ir a la ciudad de Boston donde ellos trabajan. Ellos ganan mucho dinero y viven en casas perfectas.

La descripción en Wikipedia continúa:

En el pueblo hay dos escuelas primarias públicas, una escuela intermedia y un colegio. También hay clubes privados, especialmente clubes de golf.

Éste es el pueblo de Duckston, donde está mi casa. Pero, no es exactamente el pueblo donde vivo. Sí, yo vivo en Duckston, pero no vivo en ese Duckston. Permíteme explicar.

Mi familia y yo tenemos tres años en Duckston. Las escuelas y el colegio son mejores en Duckston y por eso vivimos aquí. En Duckston hay una nueva comunidad de viviendas accesibles para las personas de bajos recursos. Las residencias se llaman Casas Cox y tienen unos apartamentos de Sección 8. Sección 8 es un programa federal donde el gobierno paga una porción de la renta directamente al propietario para ayudar a la gente que no gana mucho dinero. Entonces, vivo en Duckston, pero mi familia y yo no vivimos en el Duckston que describe Wikipedia. Nuestra realidad es diferente. Muy diferente.

Capítulo 4

Ashley

A mí me gusta vivir en Duckston. Es un pueblo que tiene mucho que ofrecer para los residentes. Hay muchas tiendas − tiendas de ropa, joyerías, jugueterías y concesionarios de carros. También hay muchos restaurantes. Mi familia y yo comemos en los restaurantes mucho porque mi mamá no cocina. Uno de nuestros restaurantes favoritos es Plymouth Inn. Sirve comida americana típica. Este restaurante está al lado de mi tienda favorita, Green & White. En esta tienda sólo hay ropa de esos dos colores. Es muy bueno porque los colores oficiales del colegio son verde y blanco.

Además de las tiendas, las oficinas y los bancos en el centro, también hay otras organizaciones en el pueblo. Por ejemplo, muchos de mis amigos y sus familias son miembros de los clubes privados en Duckston. Mi familia tiene afiliación al Club de Golf de Duckston. Allí hay unas canchas de tenis, dos piscinas grandes y dos restaurantes. Pero hay otros clubes también: de natación, ecuestre y un club náutico.

Mi mamá me dice —Ashley, no olvides que vamos a la YMCA este fin de semana para mirar el partido de básquetbol de Harrison.

—¿Qué noche?

—El sábado. El partido es a las tres.

—Ok Mamá. Después, ¿puedo salir con mis amigas?

—Ya veremos.

Otros tipos de organizaciones que hay en Duckston son humanitarias. La gente de Duckston tiene bastante dinero y le gusta ayudar a las personas necesitadas.

Capítulo 5

Yamila

Una mañana antes de la escuela mi mamá habló con Claudio y yo.

—Claudio, ¿tienes la tarea y el permiso para ir a la ciudad de Boston?

—Sí. Están en mi mochila.

—Y Yamila, ¿trabajas hoy?

—No, Mami. Tengo reunión con las personas en el coro después de la escuela.

—Está bien. Nos vemos por la tarde. Vamos a cenar a las siete. Chao hijos.

Mi mamá nos dio un beso y salió para ir a la casa de los Collins.

La vida de mi familia es muy ocupada. Mi mamá sale primero para llegar a la casa de los Collins a las siete y media. Claudio y yo caminamos a la escuela. Claudio camina dos cuadras a Madison Middle School y yo necesito caminar cinco cuadras para llegar a Duckston High. Cuando hace buen tiempo a mí me gusta la caminata, pero cuando llueve o hace mucho frío, ¡es horrible!

Claudio y yo somos responsables. Es necesario porque mi mamá trabaja mucho para ganar dinero. Él y yo tenemos que trabajar en casa para ayudar a mi mamá. Cuatro días a la semana cocino la cena para mi familia. También cuido a mi hermano cuando mi madre no está en casa. Y un día a la semana después de la escuela camino a la lavandería para lavar toda la ropa de mi familia. La lavandería está muy cerca de la casa. Cuando la ropa está en la lavadora y la secadora yo hago mi tarea.

Mi hermano también tiene trabajos en la casa. Él necesita sacar la basura y lavar los platos después de la cena. A él no le gusta cuando yo uso muchas ollas y sartenes para preparar la cena porque tiene que lavarlos todos.

—Yami —Claudio me dijo esa mañana— Quiero llevar algo para comer en la escuela. ¿Qué hay?

—Toma una naranja o un banano.

—No quiero fruta.

—Aquí tienes una empanada.

—Bien, Yamila. Gracias.

Yo también trabajo fuera de la casa. Soy mesera en el Greasy Spoon, un restaurante casual aquí en Duckston. Trabajo todos los fines de semana. Mi mamá conoce bien a Bill, el dueño del restaurante. Él me paga en efectivo y uso el dinero para comprar mi ropa y para salir con mis amigas.

—Claudio, ¿sabes dónde está mi cuaderno amarillo? Lo necesito para mi reunión.

—Está en la cocina. Debajo del periódico.

—Gracias.

Además de trabajar tengo actividades en el colegio. En el colegio hay muchas organizaciones en que los estudiantes pueden participar. Muchos tratan de hacer diferentes actividades para tener oportunidades para aplicar a las universidades. Yo también. Soy presidenta de una organización excelente: la comida étnica.

Mientras muchos estudiantes en Duckston High School participan en los deportes. Yo no tengo tiempo en mi horario para participar, pero canto en el coro. ¡Tengo una vida muy ocupada!

Capítulo 6

Ashley

Antes de la escuela mi mamá me habló.

—Ash —dijo mi mamá— el curso para estudiar para el examen SAT empieza la próxima semana.

—Me acuerdo. ¿Por cuánto tiempo?

—Ocho semanas, dos veces a la semana por dos horas cada día.

—Ugh. Horrible.

—Sí, pero es necesario.

Asisto al colegio de Duckston. Estoy en el tercer año. Tengo muchas clases y tengo que hacer mucha tarea. Soy buena estudiante, pero no soy muy inteligente. A veces necesito ayuda extra con mis clases entonces mis padres les pagan a unos tutores para que me ayuden después del colegio. Esas lecciones son privadas y cuestan mucho dinero, pero mis padres piensan que es importante. También jugar un deporte ayuda a los estudiantes entrar en la universidad. Por eso, todas mis amigas juegan a los deportes en el colegio.

Nuestro deporte es el lacrós. Jugamos todo el año porque es muy importante practicar mucho. Durante la temporada de lacrós en la primavera, practicamos seis días a la semana. La entrenadora es muy estricta y exigente, pero es buena. Durante el verano asistimos a campamentos diferentes, y en el otoño jugamos en una liga fuera del colegio. Sólo en el invierno no practicamos. Muchas de las chicas asisten a gimnasios privados para entrenar. Pienso asistir a una universidad privada donde pueda jugar al lacrós.

La escuela empieza en 15 minutos. Grité a Grant, ─Grant, ¿estás listo? Vamos a salir pronto.

En nuestra casa siempre hay mucha acción. Mi padre sale de la casa primero. Toma el tren a la ciudad a las seis y media y no vuelve a casa hasta las siete de la noche. Mis hermanos y yo necesitamos estar en la escuela temprano, pero no tan temprano como mi papá. Este año yo puedo manejar al colegio en mi carro. Grant viene conmigo. Él nunca está listo a tiempo y muchas veces llegamos al colegio tarde. Harrison asiste a la escuela intermedia y va en carro con mi mamá. Claro que hay buses escolares en Duckston, pero no llevan a muchos estudiantes porque ellos prefieren ir a la escuela con los padres para poder dormir un poco más y llegar más tarde a la escuela.

Esta mañana mi padre estaba en casa con nosotros. No era nada normal. Le pregunté, —Papá, ¿por qué no estás en la ciudad?

—Llegué muy tarde anoche y no tengo reunión hasta las diez, entonces voy a la ciudad tarde.

Mi padre trabaja tanto por eso no pasamos mucho tiempo juntos en familia. Además de viajar a Vermont por unos fines de semana y las semanas que pasamos en Nantucket durante el verano, cada febrero mi familia y yo viajamos al Caribe. Cuando volvemos a la casa estamos bronceados y cansados, pero tranquilos.

Capítulo 7

Yamila

Entro en el colegio cerca de la biblioteca. Allí me encuentro con unas amigas.

—Hola. ¿Qué tal?

—Bien Yamila. ¿Sabes qué periodo tenemos primero?

—Sí. Periodo 3.

—Ugh. Ciencias. No me gusta la clase del Sr. M.

Duckston High School es un colegio mediano. Hay más o menos novecientos estudiantes en los cuatro grados. Como la población de Duckston, muchos de los estudiantes son blancos y son de familias con bastante dinero. Ellos piensan que todas las personas del mundo viven de la misma manera que ellos.

Después de graduarse del colegio, los estudiantes salen de Duckston para asistir a universidades en todas partes del país. Las matemáticas y las ciencias son los cursos más populares en Duckston High School, no necesariamente porque a los estudiantes les gustan, sino porque saben que les va a ayudar en las aplicaciones para las universidades.

En muchas maneras soy diferente a muchos de mis compañeros de clase. Soy mexicana-americana y soy morena con ojos negros. Y claro, mi familia no tiene tanto dinero como las otras familias en Duckston. Pero mis intereses académicos son diferentes también. A mí me encantan los cursos de literatura y de ciencias sociales. Me gustan las ciencias sociales. Mis clases favoritas son la historia de los Estados Unidos, la psicología, la literatura de la mujer, y la geografía AP. Es necesario tomar clases de matemáticas y de ciencias, pero no me gustan tanto. Pues, la clase de ciencias medioambiental no es tan mala porque estudiamos como las personas afectan el medio ambiente. La otra clase que tengo es español con mi profesora favorita, Señora Salazar. Como yo, a ella le encanta la gente. En clase siempre se habla de todas las personas del mundo y de sus vidas.

Un día estábamos en la clase de español cuando Señora nos presentó un proyecto, una entrevista.

—Hablamos siempre de la gente hispanohablante que vive en los Estados Unidos, específicamente los inmigrantes que llegan a este país para una vida mejor. Pero no hemos hablado[3] todavía de los inmigrantes aquí en Duckston. Para este proyecto ustedes tienen que salir al pueblo para encontrar a una persona hispanohablante que haya tenido[4]una

---

[3] we haven't spoken
[4] has had

experiencia similar a las de los inmigrantes que estudiamos en clase —dijo Sra. Salazar.

Unos estudiantes en la clase empezaron a quejarse inmediatamente.

—Pero Señora, no conocemos a ningún inmigrante —dijo Andrew. —No es posible completar este proyecto.

Con una voz enojada Señora dijo —Andrew, ¿tu familia tiene una empleada para limpiar la casa? ¿Tiene jardineros que cortan la grama de tu casa?

—Sí, pero...—dijo Andrew.

—Pues, abre la mente. No seas tan cerrado. Tú sabes que hay MUCHAS personas hispanohablantes en Duckston. Trabajan en todas partes. Es necesario buscarlas —explicó Sra. Salazar.

—Pero, no las conocemos —dijo Libby.

—Conócelas, entonces. Entra al Greasy Spoon en el centro. O ve al Vivero Reynolds en

Marshtown o al Bagel Co. en el pueblo. Hay muchos hispanos e inmigrantes que trabajan allí. Son personas fenomenales y les encanta hablar en español con la gente —dijo Sra. Salazar.

Mis compañeros de clase no estaban animados para hacer este proyecto. Ellos no están acostumbrados a hablar con personas que no son como ellos. Pero para mí, es mi realidad.

Capítulo 8

Ashley

Otro día de colegio. Es un día normal. Asistí a todas mis clases. Prefiero las clases como literatura y las ciencias sociales, pero mis padres dicen que las clases como las matemáticas y las ciencias son muy importantes para la universidad. Asistir a una buena universidad es esencial para mí. Con un título de una universidad buena voy a tener un buen trabajo donde puedo ganar mucho dinero.

En ese momento estoy en mi clase de español con Yamila. Me gusta tener español con Yamila porque ella me ayuda con la materia. No soy muy buena en la clase, pero me gusta. Desde el principio del año escolar hablamos de los inmigrantes hispanohablantes en los Estados Unidos, en particular, los inmigrantes indocumentados. Acabamos de terminar de ver el documental *La Bestia*. La Bestia es el tren que va por México en el cual los inmigrantes centroamericanos viajan para llegar a la frontera con los Estados Unidos. Pero, no como otros trenes, los inmigrantes tienen que subir y viajar encima del tren. Es un viaje muy largo y peligroso.

Señora Salazar, la profesora, nos explicó de un proyecto que íbamos a hacer en pareja. Necesitamos salir al pueblo para encontrar a una persona hispanohablante para entrevistarla. Aprender su historia de cómo llegó en los Estados Unidos y por qué. Conozco bien a Luz, la madre de Yamila y quiero hablar con ella y con Yamila. Pero en ese momento Señora dijo —Ustedes necesitan conocer a una persona nueva. No pueden entrevistar a su niñera ni a la empleada que limpia la casa.

Inmediatamente, Quinn me preguntó —Ash, ¿puedo hablar con tu niñera? ¿Es hispana, no?

—Sí, pero no sé si puedes hablar con ella. Le voy a preguntar. Te digo mañana.

—OK. Gracias.

Capítulo 9

Ashley

El sábado Yamila y yo fuimos al centro para completar la primera parte del proyecto para la clase de español. Salí de mi casa para recoger a Yamila en su casa, pero primero mandé un texto a Quinn.

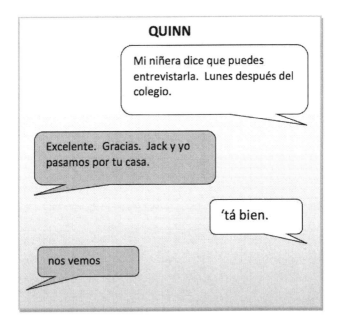

Pasé por el apartamento de Yamila. Toqué la bocina y Yamila salió con un cuaderno, su teléfono y unos lapiceros.

—Hola Ashley —me saludó.

—Hola Yamila. ¿Adónde vamos primero?

—Pues, ¿por qué no vamos a Reynolds primero y después al Bagel Co. Luego podemos ir al Greasy Spoon y allí podemos almorzar.

—Buena idea pero necesito estar en la YMCA a las tres.

—¿Para qué?

—Un partido de básquetbol de Harrison.

En el Vivero Reynolds explicamos el proyecto a Sally, la mujer que trabaja allí, y le preguntamos si podíamos entrevistar a uno de los hombres hispanos que trabaja en la compañía.

—Nos gustaría hablar con Luis o Pablo en español sobre su experiencia y por qué está en los Estados Unidos —yo dije a Sally.

Sally respondió —Qué buena idea, chicas. Pero el problema es que estamos muy ocupados hoy porque es sábado. ¿Pueden regresar otro día?

Yamila dijo —No es posible. Necesitamos completar la entrevista para el martes.

—Pues, lo siento. Si necesitan ayuda en el futuro, nos gustaría ayudar. Llamen y hagan cita primero —dijo Sally.

—Muy bien. Gracias, Sally.

Tuvimos el mismo problema en el Bagel Co. Yamila y yo aprendimos que es necesario hacer cita si queremos entrevistar a una persona.

—Vamos al Greasy Spoon —dijo Yamila.

—Hablemos con Bill, el dueño, y luego con Raúl, Ramón o Duglas, los cocineros hondureños.

—Buena idea —respondí.

Entramos en el restaurante.

—Hola, Bill. Hola Trini. Hola Flor. Hola muchachos —dijo Yamila.

—Hola Yamila —contestaron— ¿qué hacen ustedes aquí?

—Tenemos un proyecto para la clase de español —expliqué. Necesitamos entrevistar a una persona inmigrante.

Todos contestaron a la vez, «Yo quiero.» «No, yo.» «¡Yo, por favor!»

Los trabajadores en el Greasy Spoon fueron muy amables. Todos participaron en la conversación sobre la inmigración a los Estados Unidos.

Raúl habló primero —Yo estoy aquí porque quiero hacerme profesional.

—Es la misma situación para mí —dijo Ramón. —En Honduras no hay trabajo y no puedo ganar mucho dinero. Mi familia es muy pobre. Con el dinero que gano aquí yo puedo ayudar a mi familia en Tegucigalpa.

Aunque mi español no es muy bueno, yo le pregunté a Raúl —¿Cómo ayuda a su familia si usted está aquí?

Ramón dijo —Yo mando una gran cantidad de mi salario a mi familia.

—Sí —dijo Flor— todos nos arriesgamos para llegar a los Estados Unidos para tener una mejor vida. Tuvimos mucha suerte de encontrar un buen trabajo aquí en Duckston.

En ese momento Bill participó en la conversación.

—Chicas, ustedes necesitan saber que las personas hispanas que trabajan aquí son muy buena gente. Trabajan duro, son muy amables y ahora son parte de mi familia. Por esa razón les ayudo con sus aplicaciones para ser ciudadanos estadounidenses.

Pasamos casi dos horas hablando con todos en el Greasy Spoon. En el carro en camino al apartamento de Yamila, yo le pregunté,

—¿Cómo llegó tu mamá a Duckston?

—Sabes, Ashley, no sé exactamente. Le voy a preguntar esta noche.

Capítulo 10

Yamila

En el apartamento esa noche, mi mamá y yo limpiábamos los platos después de una cena deliciosa. Le pregunté,

—Mami, ¿cómo es que estás en los Estados Unidos y el resto de tu familia está en México?

—Ay, Yamila. Es buena pregunta —dijo mi mamá.

—Estoy aquí porque mi pueblo en México es muy pobre. No hay trabajos para toda la gente. Por eso, mi prima y yo viajamos a la frontera y cruzamos. Entramos en los Estados Unidos hace 20 años.

—Y ¿en qué año recibiste tu ciudadanía?

—Yamila, no soy ciudadana. Soy inmigrante indocumentada. Estoy aquí ilegalmente.

—¡Oh, Mami! ¿Claudio y yo somos ilegales también?

—No, hija. Ustedes dos son ciudadanos.
Son estadounidenses.

Subí a mi cuarto y mandé un texto a
Ashley:

Capítulo 11

Ashley

La información de Yamila me sorprendió mucho. Luz es parte de mi familia. ¿Cómo puede ser ilegal? O más bien, ¿cómo puede trabajar para mi familia? Tal vez aprendo más esta tarde cuando Quinn y Jack vengan a la casa para la entrevista.

La campana sonó. Los chicos estaban en la puerta con todo lo necesario para la entrevista y con unas galletas.

—Hola Quinn. Hola Jack —yo les dije.

—Hola Ashley.

—¿Qué hay en la caja?

—Oh, son galletas para Luz.

—Sí —dijo Jack— para agradecerle por su tiempo.

—Qué buenos son ustedes. Entren en la casa.

Yamila estaba en la cocina de mi casa con Luz. Ella y yo trabajábamos en el proyecto también. Salimos de la cocina y los chicos hicieron la entrevista. Quinn usó su teléfono para grabar las respuestas de Luz.

—¿Por cuántos años ha estado[5] usted en los Estados Unidos? —preguntó Jack.

—He estado[6] aquí 20 años.

La conversación continuaba mientras Jack y Quinn hacían muchas preguntas en español. Su español no era muy bueno, pero a Luz no le importaba. Ella comprendió y contestó todas las preguntas.

—¿Por cuántos años tiene usted su ciudadanía?

—No la tengo —dijo Luz.

---

[5] have you been
[6] I have been

Los chicos estaban muy sorprendidos y yo estaba sorprendida que Luz dijo la verdad. Con mucho respeto, Quinn preguntó, —¿Cómo vive usted aquí si no paga impuestos?

—Yo pago impuestos. El Sr. Collins paga impuestos por mí al gobierno federal.

La entrevista terminó y Yamila y yo entramos en la cocina.

—Yamila, tu madre es ilegal —dijo Jack.

—Yo sé, Jack —contestó Yamila.

—Está mal. Está muy mal.

Los chicos salieron y Yamila me dijo, —Ash, ¿voy a tener problemas en el colegio?

—Espero que no —le contesté.

Capítulo 12

Yamila

El próximo día en el colegio todo fue normal.
Ashley y yo nos encontramos en el corredor y
caminamos a la clase de español.

—Hola clase. Buenos días —dijo Señora
Salazar.
—Hoy vamos a continuar con el tema de
inmigración. Vamos a mirar un video de
Univisión, el canal de televisión en español,
pero primero vamos a hablar de las entrevistas.
¿Qué aprendieron ustedes?

Una chica dijo, —A mí me gustó el proyecto.
Colin y yo hablamos con el hombre que corta la
grama en mi casa. Se llama Enrique. Es de
Nicaragua. No habla mucho inglés pero es muy
simpático. Es inmigrante indocumentado.

—Sí —dijo Katie— hablamos con Petra, la
mujer que limpia la casa de Blake. Ella manda

39

mucho dinero a su familia en Colombia. Está aquí sin papeles también.

Un chico malo gritó —¡La mamá de Yamila es ilegal!

Miré a Ashley y ella miró a Quinn y a Jack. Los dos chicos dijeron —Sólo lo mencionamos en una conversación. Lo siento.

Todos en la clase empezaron a gritar. Muchas personas dijeron que la inmigración ilegal es malo y otros que dijeron que tenemos que pensar en la gente.

—Pues, soy ilegal también —dijo Mark.

Mark LeFleur es canadiense. Él no es ilegal.

—Sí. Técnicamente estoy en los Estados Unidos sin documentos. No tengo permiso de residencia todavía porque los trámites están con el SIN (Servicio de Inmigración y Naturalización).

Otra vez todos los estudiantes empezaron a hablar inmediatamente pero con más sorpresa sobre la situación de Mark.

—Ok, clase —dijo Sra. Salazar— cálmense, por favor. No miramos el video de Univisión. Por el resto de la clase hablamos de la inmigración ilegal.

No resolvimos nada durante la clase, pero cuando tocó la campana para ir a la próxima clase, todos decidieron que es una situación que necesita mucho debate.

Capítulo 13

Ashley

El debate continuó en los corredores del colegio, por medio de Facebook y por textos por móviles. Yamila recibió la mayoría de los insultos, pero de vez en cuando unas personas me confrontaron también. Me sentí mal por Yamila. Ella estaba muy triste y deprimida y no sabía qué hacer para ayudar.

En la casa mi mamá me habló. —Ashley, tienes que cambiarte para ir al club. Vamos a celebrar el cumpleaños de Harrison. Necesitas ponerte una falda o un vestido.

—Ok mamá —respondí.

Harrison es mi hermanito y lo amo, pero esa noche no tenía ganas de celebrar. Y definitivamente no quería cenar en el club. El Club de Duckston es un club de golf privado.

Somos miembros porque mi padre va allí con los compañeros de trabajo. A veces juego al tenis y mis hermanos nadan en la piscina, pero no me gusta tanto.

En el club una mesera nos dio una mesa. Se llama Amelia y es hispana. La conozco por mucho tiempo.

—Hola, Amelia. ¿Cómo estás?

—Hola Ashley. Estoy muy bien, gracias. ¿Cómo están ustedes?

—Bien. Esta noche celebramos el cumpleaños de Harrison —expliqué.

—¡Ooooh! ¡Felicidades, Harrison!

—Gracias —respondió Harrison.

Nos sentamos a la mesa. Mi padre trabaja mucho y esa noche estaba de mal humor.

—¿Dónde está el chico con los menús? —dijo mi papá. —¿Por qué no puede hacer su trabajo?

—Rit, cálmate. Ya viene —dijo mi madre.

—Ashley, ¿estás preocupada? No dices nada esta noche.

—Sí mamá. Yamila y yo tuvimos un problema en el colegio —expliqué.

—¿Qué pasó, Ash? —preguntó mi madre.

—Ahora todos saben que Luz es ilegal... Mi padre me interrumpió —Luz no es ilegal. Yo tengo copias de sus documentos en la casa.

—No, papá. Esos documentos son falsos. Luz los necesitó para obtener trabajo —dije yo.

—Esto no puede ser. Los inmigrantes indocumentados rompen las leyes. No pagan impuestos. Toman trabajos de americanos legales —dijo mi padre.

—Papá, aprendimos en clase que los inmigrantes sí pagan impuestos y sólo toman los trabajos que los estadounidenses no quieren hacer.

—Ser ilegal es romper la ley. Punto —insistió mi padre.

—Pero, papá —dije con todo respeto. —¿Crees que es diferente cuando los bancos rompen las leyes que cuando los inmigrantes las rompen?

Mi papá me miró sorprendido y después dijo —Voy a hablar con Luz. Si ella es ilegal, no puede trabajar para nosotros.

Mi mamá, mis hermanos y yo empezamos a quejarnos inmediatamente. Finalmente, Harrison habló en una voz baja, —Papá, Luz es familia.

Estaba de acuerdo. Luz es familia. Yamila y Claudio también.

Capítulo 14

Yamila

Después de un día largo en el colegio, estaba en mi cuarto haciendo la tarea para la clase de matemáticas. Quería terminar con la tarea pero no podía concentrarme. Pensaba mucho en todos los comentarios que dijeron los estudiantes.

«Vete a tu país» y «Si tu mamá es ilegal, eres ilegal también».

Todo el día sonó mi teléfono con textos de amigos, todos con mensajes similares:

«¿Eres ilegal?»

«¿Tienes que regresar a México porque tu mamá es ilegal?»

¿Cómo puedo explicarles que no soy ilegal? Soy estadounidense.

Mi mamá estaba en la cocina. Preparaba la cena cuando me llamó —Yamila, ven a comer.

—Ya voy, Mami.

En la mesa con mi madre y Claudio, ellos hablaron del día. Claudio habló sobre su profesor de ciencias y el experimento en el laboratorio. Después habló de sus amigos Colin y Alex y cómo ellos iban de vacaciones a Colorado y Vermont. Finalmente mi madre me miró y me preguntó, —Yamila, ¿estás cansada? ¿Por qué estás tan callada esta noche?

—Oh, Mami. Tengo problemas en el colegio. Después de la entrevista con Jack y Quinn, todos los estudiantes en el colegio saben que eres ilegal. Y los estudiantes me molestan. Dicen que soy ilegal también y que necesito regresar a México.

—Ya veo —dijo mi mamá. —Voy a explicarte por qué no tengo esos papeles tan importantes. Claudio, ve a la sala para mirar la televisión.

Normalmente Claudio no tiene permiso de mirar la televisión durante la semana. Emocionado, él respondió, —¡Gracias, Mami!

—Yamila, mi pueblo en México se llama Yelapa. Es un pueblo pequeño en la costa del Océano Pacífico. Es un pueblo turístico donde la gente vive vidas muy simples. Y aunque muchos extranjeros llegan al pueblo cada año para visitar, no hay muchos trabajos. No hay muchas oportunidades.

Escuché bien. Era la primera vez que oía esa historia. Mi mamá continuó, —Un día, mi prima y yo decidimos dejar Yelapa para hacer el viaje a los Estados Unidos. Primero llegamos en lancha a la ciudad de Guadalajara. Luego, viajamos en bus y encima de los trenes...

—¿La Bestia? —le pregunté a mi mamá.

—Sí, hija. Pasamos día y noche encima de los trenes para llegar a la frontera con los Estados Unidos. Vivimos con poca comida y poca agua, sólo para realizar el sueño: «el sueño americano».

Explicó más. —Cruzamos el desierto en tres días y luego pasamos unos días en una parte de Tejas. Después tomamos un bus para llegar a Boston.

—Pero, ¿por qué no tienes papeles?

—Para sacar esos papeles una persona necesita la ayuda de un abogado. Uno que se especializa en inmigración —dijo mi mamá. —Pero no tenía suficiente dinero para contratarlo.

—¿Qué hacemos, Mami? Tengo miedo. ¿Qué va a pasar con nuestra familia?

—Cálmate, hija. Voy a hablar con el Sr. Collins.

Esa noche me acosté temprano. Ya sabía la historia de mi mamá y la historia de mi familia.

Me preocupaba mucho pero tenía mucho sueño y me dormí.

Capítulo 15

Ashley

No dormí bien. Aunque me acosté temprano, mi teléfono explotó con mensajes de otros estudiantes intimidándome sobre el estatus ilegal de Luz. Todos los estudiantes en el colegio ya saben que Luz es ilegal y es un problema. Los muchachos escribieron tonterías como, «¿Por qué tu familia contrata a una niñera ilegal?» y «Tu familia va en contra de la ley con tu niñera». Pero las chicas eran horribles. Me atacaron por el problema con Luz, pero luego empezaron a escribir malas cosas sobre Yamila. Y cuando los ataques llegaron a ser personales, fue cuando no pude dormir más. Pasé la noche llorando.

*****

Yamila

Anoche mandé tres textos a Ashley, pero no contestó a ninguno. ¿Qué pasa con ella? ¿Está enojada conmigo? Finalmente la vi en la cafetería.

—Hola, Ash. ¿Qué tal?

—Yamila, no puedo hablar contigo ahora —me respondió.

—Pues, ¿Qué pasó? No me respondiste anoche –le dije a Ashley.

—Yo SÉ, Yamila. No pude. ¿Ok? No me molestes.

En ese momento no supe cómo responder a mi mejor amiga. Nunca me habló así.

*****

Ashley

Me sentí muy mal. No estaba enferma, pero estaba preocupada y un poco enojada. Estaba preocupada por Yamila y su familia. También, estaba enojada conmigo misma por haberle gritado a Yamila. Ella es mi mejor amiga. No debo tratarla así.

Capítulo 16

Ashley

La próxima mañana llegué temprano al colegio. Fui para encontrar a la Señora Salazar. Quería hablar con ella.

Señora estaba en su aula, limpiando el tablero y escuchando la música. El artista guatemalteco Ricardo Arjona quien es uno de sus favoritos, y oí la canción *Mojado*. Interesante. Es otra canción sobre la inmigración.

—Hola, Señora —yo le dije.

—Buenos días, Ashley. ¿Por qué estás aquí tan temprano?

—Pues, quiero hablar con usted. Tengo unos problemas.

—¿Qué pasa, Ashley?

—Usted sabe que mi niñera, la mamá de Yamila, es ilegal. Ahora muchas personas lo saben y le están causando problemas a Yamila. La intimidan por Facebook y por texto.

—Está muy mal, Ashley. ¿Qué podemos hacer?

—No sé, Señora. Pero Yamila es mi amiga y los Rivera son parte de mi familia.

—¿Cuál es el problema con los estudiantes que intimidan a Yamila?

—Para ellos todo es blanco o negro. Ellos piensan que Luz es mala porque infringe la ley. Pero, ella está en los Estados Unidos por una razón excelente. Quería una vida mejor. Quería realizar el sueño americano. Los muchachos aquí en Duckston no saben la suerte que tienen de nacer en los Estados Unidos y vivir en un pueblo como Duckston.

—Sí, Ashley —dijo Sra. Salazar. —Tienes razón. Los muchachos en Duckston tienen mucha suerte. No se dan cuenta que la mayoría de las personas en este país, pues en el mundo, no viven como ellos. Necesitamos educarlos. ¿Qué piensas?

—Pienso que es muy buena idea. Ellos necesitan conocer a la gente para saber sus historias. Y sé exactamente cómo podemos hacerlo. Voy a hablar con Yamila primero.

Tomé mi mochila y salí del aula para encontrar a Yamila.

—¡Gracias, Señora! ¡Usted es la mejor!
—Por nada, Ashley. Buena suerte —me respondió.

Capítulo 17

Yamila

Caminé las cinco cuadras al colegio cuando recibí un texto de Ashley. Todavía estaba enojada con ella, pero lo abrí y lo leí.

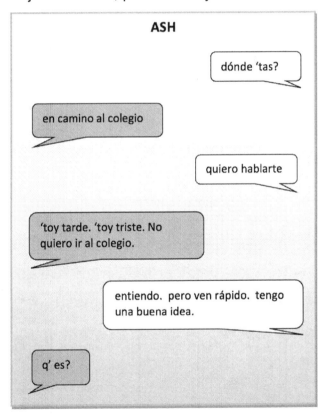

Pero no recibí más textos de Ashley. Caminé la última cuadra al colegio y pensaba en mi madre y cómo se sacrificó por Claudio y yo. Es mi heroína.

Llegué justo a tiempo a la clase de geografía con el Señor Fuentes. No quería hablar con nadie y mucho menos cuando entré en la clase y vi un mapa de Norteamérica, con énfasis en la frontera entre los Estados Unidos y México. Ah no, pensé. No quiero discutir este tema otra vez.

—Buenos días clase. Ustedes saben que pronto terminamos con la unidad sobre Norteamérica, pero hasta ahora no hablamos de la relación entre los Estados Unidos y México.

El Sr. Fuentes continuó con una pequeña charla sobre esta relación única entre un país con economía desarrollada y un país que está desarrollándose económicamente. Quería saber qué sabe la clase.

—¿Algunos ustedes conocen México?

Muchos estudiantes levantaron las manos y mencionaron sus viajes a Cancún, Cabo San Lucas o la Riviera Maya. Claro que estos lugares están en México, pero son muy turísticos. No son iguales a muchas otras partes de México.

—Bueno, clase. Es evidente que ustedes no saben mucho del tema de la inmigración ilegal. Esta noche, busquen información general sobre el tema. Vamos a hablar de esto mañana. Y en una semana vamos a tener un debate en clase.

Todavía me sentía horrible. Los estudiantes no mencionaron nada de mi mamá en la clase, pero...

—Yaaaamiiiiiii —me gritó Ashley.

—Hola —le dije.

—Yamila, tenemos un proyecto. Necesitamos educar a la gente de este pueblo sobre las personas indocumentadas.

—¿Cómo?

—No tienes clase esta hora, ¿no? Vamos a la cafetería y te explico todo.

Ashley estaba tan emocionada que no podía decirle que no quería hablar con ella porque todavía estaba un poco enojada. La seguí a la cafetería.

Capítulo 18

Ashley

Yamila no estaba de buen humor pero la quería animar con mi idea.

—Yamila, lo siento. Fui muy antipática contigo ayer. Los estudiantes me molestaron a mí también y... Pues, eres mi mejor amiga.

—Ashley, no te preocupes. Entiendo...

Yo le interrumpí —Yami, las personas en Duckston son ignorantes porque no conocen bien a personas indocumentadas. Vamos a organizar una noche de actividades que les explique el tema.

—¿Cómo?

—Imagínate. Una noche podemos tener una conferencia en el auditorio con presentadores, un poco de música, arte, tal vez una película, y un panel de expertos sobre el tema.

En ese momento me sentí mejor. —¡Qué idea tan excelente, Ashley! Puedo hablar con Bill en el Greasy Spoon y con mis compañeros del trabajo también, Ramón, Raúl y Duglas. Ellos van a querer participar.

Yamila y yo hablamos por toda una hora sobre la idea. Decidimos invitar a Bill, a los trabajadores del Greasy Spoon, pero realmente necesitábamos a una persona importante para hablar con el público.

—Por qué no hablamos otra vez con Señora. Ella conoce a muchas personas —sugerí a Yamila.

—Buena idea —me respondió— vamos.

Yamila y yo mencionamos la idea a Señora. Ella dijo que debemos escribir una carta al congresista de nuestro distrito, el Sr. Gerard Gaffney.

Estaba tan emocionada. La noche de actividades que íbamos a organizar iba a ser excelente, no sólo para la comunidad, sino para Yamila también.

Capítulo 19

Yamila

Ashley tenía razón.   Era necesario ser proactiva para ayudar a educar a la gente.

Una noche me senté con mi computadora y escribí una carta al Representante Gaffney.

DUCKSTON HIGH SCHOOL

Milo Sheen	Bea Latta	Phinn Charles
Principal	Assistant Principal	Assistant Principal

Estimado Rep. Gaffney:

Permítame presentarme.   Me llamo Yamila Sánchez Rivera y soy estudiante del tercer año en el Colegio de Duckston.   Recientemente, hablamos del tema de las personas indocumentadas en nuestra comunidad y en el condado.   Aunque soy estadounidense, este tema tiene un gran significado para mí porque algunas personas muy queridas en mi vida son indocumentadas.

Algunos estudiantes en mi colegio quieren patrocinar una noche para educar a la gente de Duckston.   Además de mostrar una película breve, arte y música del tema, nos gustaría tener a alguien que pueda presentar el tema de un punto de vista único.

Sí usted tiene tiempo y está disponible, vamos a estar tan agradecidos si puede venir a Duckston High School para hablar por unos quince minutos o más. La fecha tentativa es el sábado, 16 de mayo a las cinco de la tarde. Después de la charla y el panel de preguntas y respuestas, vamos a tener una recepción a la cual le invitamos con mucho gusto.

Gracias por su tiempo. Nos gustaría recibir noticias suyas cuando tenga tiempo.

Atentamente,

Yamila Sánchez Rivera

Yamila Sánchez Rivera
ysrivera@duckstonps.org

9 Allston Road Duckston, MA 02222
Telephone 781-555-7664
www.duckstonps.org/dhs

Capítulo 20

Ashley

La organización de la noche educativa para el pueblo de Duckston fue un éxito. Yamila tuvo la confirmación de asistencia de todos sus compañeros de trabajo. Estaban muy animados por participar.

Un día en el trabajo, su jefe Bill, el dueño de Greasy Spoon, le mencionó —¿Por qué no hacemos un picnic con todo el pueblo después de los eventos? Nosotros podemos preparar la comida.

Duglas agregó —Sí, y ¡un partido de fútbol, también!

Yamila y yo pensamos que esas ideas eran excelentes. Un domingo por la tarde tres semanas antes del evento, Yamila y yo estábamos en mi casa, en mi cuarto preparando unos carteles y folletos para promocionar el evento.

Oímos un golpe en la puerta de mi cuarto.

—¿Ash? —dijo mi padre. —¿Puedo entrar?

—Claro, papá.

—Hola, Yamila. ¿Cómo estás? —preguntó mi padre a Yamila.

—Hola, Sr. Collins. Estoy bien, gracias. Mi mamá me dice que habló con usted sobre su residencia. Gracias por ayudarla y por ayudarnos.

—Es verdad, Yamila. La voy a ayudar como pueda. Ustedes son parte de la familia —dijo mi padre.

—Papá, gracias por ayudar a Luz, a Yamila y a Claudio. Pero estamos ocupadas con el proyecto —yo le dije.

En ese momento mi padre se sentó en mi cama conmigo y dijo, —Ashley, estoy muy orgulloso de ti y de Yamila por los esfuerzos que hacen sobre este tema. Pienso que estuve equivocado antes. La política me importó más que las personas. Lo siento.

—Está bien, papá. ¿Vas a ir a la noche educativa?

—Claro. Y mi agencia quiere financiar una parte de los costos del evento. Creo mucho en este tipo de educación —nos dijo mi padre.

—Oh, papá. Muchas gracias. ¡Eres el mejor!

Mi padre salió del cuarto. Después de unas horas de trabajo, creamos unos anuncios excelentes para mandar al periódico y publicar por el pueblo.

Capítulo 21

Yamila

Finalmente llegó la noche del 16 de mayo. Pusimos la canción *El emigrante* de los Celtas Cortos, una banda de México, para entretener a las personas mientras entraban en el auditorio. Muchas personas llegaron temprano con comida para el picnic.

Ashley y yo nos vestimos muy elegantemente para presentar al Representante Gaffney y los otros miembros del panel. El video que mostramos era uno que Quinn y Jack prepararon para un segmento de *Noticias Verdeaderos*, el programa de televisión del colegio. Fue muy buena porque mostró a la gente hispana al resto de la comunidad. Después de entrevistar a Luz, Quinn y Jack grabaron otras entrevistas con otros hispanos en la comunidad.

Luego, el Sr. Gaffney habló.

—Bienvenidos todos a una noche tan especial. Gracias por invitarme para hablar sobre un tema de la actualidad, especialmente en este condado. Necesitamos reconocer que todas las personas, ya sean legales o ilegales, son muy importantes a la cultura de este país que es una mezcla de todas las culturas del mundo, y necesitamos tratarla igual.

El Sr. Gaffney habló por quince minutos y luego hablaron Bill y los trabajadores del Greasy Spoon y Bagels y Co. El público se quedó callado durante todo el tiempo. Parecía fascinado, no sólo por el tema, sino por la honestidad de las personas del panel.

Al fin de la presentación la gente salió del auditorio para gozar el arte y la música en el patio. Y muchos muchachos - los estudiantes y los adultos - fueron directamente a la cancha para jugar al fútbol. En ese momento mi mamá, junto con los padres de Ashley, nos habló.

—Ashley y Yamila. Ustedes son las jóvenes más bonitas del mundo y estoy tan orgullosa de las dos. Mis dos hijas —dijo mi mamá.

—Exacto —dijo la mamá de Ashley. —Ustedes hicieron un buen trabajo esta noche. Fue un evento fantástico.

Ashley y yo nos miramos y nos sonreímos. Sabíamos que habíamos iniciado[7] un cambio en Duckston, por ahora.

---

[7] we had started

GLOSARIO

A

abogado - lawyer
abre - s/he opens
abrí - I opened
abuela - grandmother
acabamos de - we just ___
   acabamos de terminar - we just finished
académicos - academic
accesibles - accessible
acción - action
acostumbrados - accustomed
acosté - I lay down
   me acosté - I lay down
actividades - activities
actualidad - actuality
acuerdo - agreement
   estaba de acuerdo - I was in agreement

además - furthermore
adultos - adults
adónde - where/to where
afectan - they affect
afiliación - affiliation
afuera- outside
agencia - agency
agosto - August
agradecerle - to thank him/her
agradecidos - thankful
agregó - s/he added
agua - water
ahora - now
al = a + el - to the
algo - something
alguien - someone
algunos(as) - some
allí - there
almorzar - to eat unch
alta - tall
amables - nice/kind

72

amarillo - yellow

ambiente - environment

americano(a)(s) - American

amiga(s) - Friends (f.)

amigos - Friends (m.)

amo - I love

anaranjado - orange

animados - excited, cheerful

animar - to cheer up

anoche - last night

antes - before

antipática - mean

anuncios - announcements

año(s) - year(s)

apartamento(s) - apartment(s)

aplicaciones - applications

aplicar - to apply

aprender - to learn

aprendieron - they learned

aprendimos - we learned

aprendo - I learn

aquí - here

árboles - trees

arriesgamos - we risked

arte - art

artista - artist

asiste - s/he attends

asisten - they attend

asistencia - attendance

asistimos - we attend

asistir - to attend

asisto - I attend

asistí - I attended

así - so

atacaron - they attacked

ataques - attacks

atentamente - sincerely (closing of a letter)

atlética - athletic

auditorio - auditorium

aula - classroom

aunque - though

ayer - yesterday

ayuda - s/he helps

ayudar - to help

ayudarla - to help her

ayudarnos - to help us

ayuden - they help

ayudo - I help

azules - blue

B

baja - short

    voz baja - low voice

bajos - short

banano - banana

bancos - banks

banda - band

básquetbol - basketball

bastante - enough

basura - garbage, trash

baños - bathrooms

beso - kiss

bestia - beast

    la Bestia - the Beast: name given to the cargo trains upon which migrants ride to cross Mexico to arrive at the U.S./Mexico border

biblioteca - library

bien - well, good

bienes raíces - real estate

bienvenidos - welcome

blanco(s) - white

bocina - horn

bonita(s) - pretty

bonito - pretty

Boston - capital city of the state of Massachusetts

botes - boats

breve - short

brisa - breeze

bronceado(a)(s) - tanned (from the sun)

buen - good

bueno(a)(s) - good

bus(es) - bus(ses)

buscarlas - to look for them

busquen - they look for

busqué - I looked for

C

Cabo San Lucas - a resort city in Baja California, Mexico

cada - each

cafetería - cafeteria

café(s) - brown

caja - box

callado(a) - quiet

cálmate - calm yourself

cálmense - calm yourselves

calor - heat
hace calor - it's hot

cama - bed

cambian - they change

cambiarte - to change

cambio - change

camina - s/he walks

caminamos - we walk

caminar - to walk

caminata - walk

camino - I walk

caminé - I walked

campamentos - camps

campana - bell

canadiense - Canadian

canal - canal

cancha(s) - field(s)

canción - song

Cancún - Mexican resort city on the Yucatán Peninsula

cansada - tired

cansados - tired

cantidad - amount

canto - I sing

Caribe - Caribbean

carro(s) - car(s)

carta - letter

carteles - posters

casa(s) - house(s)

casi - almost

casual - casual

causando - causing

celebramos - we celebrate

celebrar - to celebrate

cena - dinner

cenar - to dine

centro - downtown

centroamericanos- Central Americans

cerca - close

cerrado - closed

chao - 'bye

charla - chat

chica(s) - girl(s)

chico(s) - boy(s)

ciencias - science

cinco - five

cita - appointment

ciudad - city

ciudadano(a)(s) - citizen(s)

ciudades - cities

claro - of course

clase(s) - class(es)

clima - climate, weather

club(es) - club(s)

clásico - classic

cocina - kitchen

cocineros - cooks

cocino - I cook

colegio - high school

Colombia - country n South America

color - color

Colorado - a state in the western USA

colores - colors

comemos - we eat

comentarios - comments

comer - to eat

comida - food

como - like, as

cómo - how

compañeros - classmates

compañía - company

completar - to complete

comprar - to buy

comprendió - s/he understood

computadora - computer

comunidad - community

con - with

concentrarme - to concentrate

concesionarios - franchise

concesionarios de carros - car dealerships

condado - county

conferencia - conference

confirmación - confirmation

confrontaron - they confronted

congresista - congressperson

conmigo - with me

conoce - s/he knows, is familiar with

conocemos - we know, are familiar with

conocen - they know, are familiar with

conocer - to know, be familiar with

conozco - I know, am familiar with

contestaron - they answered

contesté - I answered

contestó - s/he answered

contigo - with you

continuaba - it continued

continuar - to continue

continuó - s/he continued

continúa - it continues

contra - against

contrata - s/he hires

contratarlo - to hire him

conversación - conversation

conócelas - meet them

copias - copies

coro - chorus

corredor(es) - runner(s)

corta - s/he cuts

cortan - they cut

cosas - things

costa - coast

costos - costs

creamos - we create, we created

crees - you believe

creo - I believe

cruzamos - we cross, we crossed

cuaderno - notebook

cuadra(s) - city block(s)

cual - which

cuando - when
cuarto - room
cuatro - four
cuenta - s/he tells
cuestan - they cost
cuido - I take care of
cultura(s) - culture(s)
cumpleaños - birthday
curso(s) - course(s)
cuál - which
cuánto(a)(s) - how much, how many

D

dan - they give
de - of, from, about
debajo - under
debate - debate
debemos - we must, should
debo - I must, should
decidieron - they decided
decidimos - we decide, we decided

decirle - to tell him/her
definitivamente - definitely
dejar - to leave behind
del - de + el
delgada - thin
deliciosa - delicious
deporte(s) - sport(s)
deprimida - depressed
desarrollada - developed
desarrollándose - developing
describe - s/he describes
descripción - description
desde - from, since
desierto - deserr
después - after
día(s) - day(s)
dice - s/he says
dicen - they say
dices - you say
dientes - teeth
diez - ten
diferente(s) - different

digo - I say
dije - I said
dijeron - they said
dijo - s/he said
dinero - money
dio - s/he gave
directamente -
    directly
discutir - to discuss
disponible -
    available
distrito - district
diversidad -
    diversity
documental -
    documentary
documentos -
    documents
domingo - Sunday
donde - where
dónde - where?
dormir - to sleep
dormitorios -
    bedrooms
dormí - I slept
dos - two
duckstoños -
    people from
    Duckston
dueño - owner
durante - during
duro - hard

E

e - and
economía -
    economy
económicamente -
    economically
ecuestre -
    equestrian
educación -
    education
educar - to
    educate
educarlos - to
    educate them
educativa -
    educational
efectivo - cash
ejemplo - example
el - the
él - he
elegantemente -
    elegantly
ella - she
ellas - they (f.)
ellos - they (m.)
emigrante -
    emmigrant
empanada - baked
    or fried stuffed
    pastry
empezamos - we
    start, we
    started

empezaron - they started

empieza - s/he starts

empleada - employee

en - in, on

encanta - to be very pleasing to, to love
le encanta la gente - she loves people

encantan - to be very pleasing to, to love
me encantan os cursos de literatura - I love literature courses

encima - on top of

encontramos - we find, we found

encontrar - to find

encuentro - I find

énfasis - emphasis

enferma - sick

enojada - angry

enorme - enormous, huge

entiendo - I understand

entonces - then, so

entra - s/he enters

entraban - they entered

entramos - we enter, we entered

entrar - to enter

entre - between

entren - they enter

entrenadora - coach, trainer

entrenar - to train

entretener - to entertain

entrevista(s) - interview

entrevistar - to interview

entrevistarla - to interview her

entro - I enter

entré - I entered

equivocado - mistaken

era - I was, s/he was

eran - they were

eres - you are

es - s/he/it is

esa - that

esas - those

escolar - school (adjective)

año escolar - school year

escolares - school (adjective)

materiales escolares - school supplies

escribieron - they wrote

escribir - to write

escribí - I wrote

escuchando - listening

escuché - I listened

escuela(s) - school(s)

ese - that

esencial - essential

esfuerzos - efforts

eso - that

esos - those

español - Spanish

especial - special

especializa - s/he specializes

especialmente - especially

específicamente - specifically

espero - I hope

esquía - s/he skis

esta - this

está - s/he/it is

estaba - s/he/it was

estábamos - we were

estaban - they were

estaciones - seasons

estado(s) - state(s)

Estados Unidos - United States

estadounidense(s) - United Statesian(s); person(s) from the U.S.

estamos - we are

están - they are

estar - to be

estás - you are

estatus - status

este - this

éste - this

estimado - esteemed; here: Dear...

esto - this

estos - these

estoy - I am

estricta - strict
estudiamos - we study, we studied
estudiante(s) - student(s)
estudiar - to study
estuve - I was
étnica - ethnic
evento(s) - event(s)
evidente - evident
exactamente - evidentally
exacto - exact
examen - exam, test
excelente(s) - excellent
exigente - demanding
éxito - success
experiencia - experience
experimento - experiment
expertos - experts
explicamos - we explain
explicar - to explain
explicarles - to explain to them

explicarte - to explain to you
explico - I explain
explicó - s/he explained
explique - s/he explains
expliqué - I explained
explotó - s/he exploited
extra - extra
extranjeros - foreigners

F

falda - skirt
falsos - false
familia - family
familias - families
fantástico - fantastic
fascinado - fascinating
favor - favor
   por favor - please
favorito(a)(s) - favorite
febrero - February
fecha - date
federal - federal

felicidades - congratulations

fenomenales - fenomenal

fin - end

finalmente - finally

financiar - to finance

fines - ends

fines de semana - weekends

flaca - skinny

flor - flower

folletos - folders

fresco - cool

frontera - border

fruta - fruit

frío - cold

hace frío - it's cold

fue - s/he went

fuera - out

fueron - they went

fui - I went

fuimos - we went

futuro - future

fútbol - soccer

G

galletas - cookies

gana - s/he earns, wins

ganan - they earn, win

ganar - to earn, win

ganas - you earn, win

gano - I earn, win

garaje - garage

gato - cat

general - general

gente - people

geografía - geography

gimnasios - gyms

gobierno - government

golf - golf

golpe - knock

gorda - fat

gozar - to enjoy

grabar - to record

grabaron - they recorded

gracias - thank you

grados - grades

graduarse - to graduate

grama - lawn

gran - great

grandes - big

gris - gray

gritado - yelled

haberle gritado
- for having
yelled at him
gritar - to yell,
shout
grité - I yelled,
shouted
gritó - s/he yelled,
shouted
grupo - group
Guadalajara - city
on the Pacific
coast of Mexico
guatemalteco -
Guatemalan
gusta - it is
pleasing to, like
me gusta - it is
pleasing to me,
I like
le gusta ayudar
- helping is
pleasing to
him/her, s/he
likes
gustan - they are
pleasing to, like
**me gustan las
ciencias
sociales** - social
studies is
pleasing to me,
I like social

studies
les gustan -
they are
pleasing to
them, they like
gustaría - would be
pleasing
nos gustaría - it
would be
pleasing to us,
we would like
gusto - pleasure
mucho gusto -
much pleasure
gustó - it was
pleasing, liked
me gustó - it
was pleasing to
me, I liked

H
haberle - having
haberle gritado
- having yelled
at him
habla - s/he
speaks, talks
habíamos - we had
**habíamos
iniciado** - we
had started
hablado - spoken

84

hemos hablado
- we have
spoken
hablamos - we
speak, we spoke
hablando -
speaking,
talking
hablar - to speak,
talk
hablaron - they
spoke, talked
hablemos - we
speak
habló - s/he spoke,
talked
hace - s/he, it
does, makes
**hace buen
tiempo** - it's
good weather
hace calor - it's
hot
hace fresco -
it's cool
hace frío - it's
cold
hace sol - it's
sunny
hacemos - we do,
make
hacen - they do,
make

hacer - to do,
make
hacerlo - to do it,
make it
hacerme - to
become (myself)
haciendo - doing,
making
hacían - they did,
made
hagan - they do,
make
hago - I do, make
hasta - until
hay - there is,
there are
haya - there is,
there are
he - I have
he estado - I
have been
hemos - we have
hemos hablado
- we have
spoken
herencia - heritage
hermanito - little
brother
hermano - brother
hermanos -
brothers,
siblings

heroína - heroine
hicieron - they did, made
hija(s) - daughter(s)
hijos - sons, children
hispano(a)(s) - Hispanic
hispanohablante(s) - Spanish speaking
historia - history, story
historias - stories
hojas - leaves
hola - hi, hello
hombre - man
hombres - men
Honduras - country in Central America
hondureños - Honduran
honestidad - honesty
hora(s)- hour
horario - schedule
horrible(s) - horrible
hoy - today
humanitarias - humanitarian

humor - humor

I

iba - I, s/he went
íbamos - we went, were going
iban - they went
idea(s) - idea(s)
iglesias - churches
ignorantes - ignorant
igual(es) - equal
ilegal(es) - illegal
ilegalmente - illegally
imagínate - imagine
importaba - to be important to, matter, cared about
   le importaba - it didn't matter to him
importante(s) - important
importó - it was important to, mattered; cared about

me importó la
política -
politics
mattered to me,
I cared about
politics
impuestos - taxes
**indocumentado(a)
(s) -**
undocumented
información -
information
infringe - to break
(as in the law)
Inglaterra -
England
inglés - English
iniciado - started
**habíamos
iniciado** - we
had started
inmediatamente -
immediately
inmigración -
immigration
inmigrante(s) -
immigrants
insistió - s/he
insisted
insultos - insults
inteligente -
intelligent

interesante -
interesting
intereses -
interests
intermedia -
intermediate
internet - internet
interrumpí - I
interrupted
interrumpió - s/he
interrupted
intimidan - they
intimidate
intimidándome -
intimidating me
investigar - to
research
invierno - winter
invitamos - we
invite
invitar - to invite
invitarme - to
invite me
ir - to go
isla - island

J
jardineros -
gardners
jefe - boss
joyerías - jewelry
stores
juega - s/he plays

juegan - they play
juego - I play
jugamos - we play,
  we played
jugar - to play
jugueterías - toy
  stores
julio - July
junio - June
junto(s) - together
justo - fair
jóvenes - young

L

la - the, her
laboratorio -
  laboratory
lacrós - lacrosse
lado - side
lancha - boat
lapiceros - pens
largo - long
las - the
lavadora - washing
  machine
lavandería -
  laudromat
lavar - to wash
lavarlos - to wash
  them
lecciones - lessons
leche - milk

legales - legal
levantaron - they
  raised
ley(es) - law(s)
leí - I read
liga - league
limpia - s/he cleans
limpiando -
  cleaning
limpiar - to clean
limpiábamos - we
  cleaned
liso - straight
listo - ready
literatura -
  literature
llama - s/he calls
  se llama - s/he
  calls
  her/himself
llaman - they call
  se llaman - they
  call themselves
llamen - they call
llamo - I call
  me llamo - I call
  myself
llamó - s/he called
  me llamó - she
  called me
llegamos - we
  arrived
llegan - they arrive

llegar - to arrive
llegaron - they arrived
llegó - s/he arrived
llegué - I arrived
llevan - they carry, bring
llevar - to carry, bring
llorando - crying
llueve - it rains
luego - later
lugares - places

M

madre(s) - mother(s)
mal - badly
malo(a)(s) - bad
mamá - mom
mami - mommy
manda - s/he sends
mandar - to send
mandé - I sent
mando - I send
manejar - to drive
manera(s) - way(s)
manos - hands
mañana - tomorrow, morning
mapa - map
martes - Tuesday

más - more
mascotas - pets
matemáticas - math
materia - material
maya - Mayan
mayo - May
mayoría - majority
media - half
   las siete y media - seven thirty (time)
mediano(a) - medium
medio - middle
medioambiental - environmental
mejor(es) - better
mencionamos - we mention, we mentioned
mencionaron - they mentioned
mencionó - s/he mentioned
menor - younger
menos - less
mensajes - messages
mente - mind
menús - menus
mesa - table

mesera - server in a restaurant

mexicana - Mexican

México - Mexico

mezcla - mix

mi(s) - my

mí - me

miedo - fear
    tengo miedo - I have fear, I'm afraid

miembros - members

mientras - while

minutos - minutes

miramos - we watched, looked at
    nos miramos - we looked at each other

mirar - to look at, watch

miré - I looked at, watched

miró - s/he looked at, watched

mismo(a) - same

mochila - backpack

mojado - wet

molestan - they bother

molestaron - they bothered

molestes - bother

no me molestes - don't bother me

momento - moment

morena - dark (in color)

mostramos - we show, we showed

mostrar - to show

mostró - s/he showed

motor - motor

móviles - cell phones

mucho(a)(s) - many, much

muchachos - boys

mujer - woman

mundo - world

música - music

muy - very

N

nacer - to be born

nada - nothing

nadan - they swim

nadie - no one

Nantucket - small island that is part of Massachusetts

naranja - orange

natación - swimming

naturalización - naturalization

náutico - sailing

necesariamente - necessarily

necesario - necessary

necesita - s/he needs

necesitadas - needs

necesitamos - we need

necesitan - they need

necesitas - you need

necesito - I need

necesitábamos - we needed

necesitó - s/he needed

negro(s) - black

ni - neither

Nicaragua - country in Central America

nieve - snow

ninguno - none

ningún - none

niñera - nanny, babysitter

noche - night

nombre - name

normal - normal

normalmente - normally

Norteamérica - North America

nosotros - we

noticias - news

novecientos - nine hundred

nuestro(a)(s) - our

nueva - new

nunca - never

O

o - or

obtener - to obtain

ocho - eight

ocupado(a)(s) - busy

océano - ocean
　　Océano Pacífico - Pacific Ocean

oficiales - officials

oficinas - offices
ofrecer - to offer
oí - I heard
oía - I, s/he heard
oímos - we hear,
  we heard
ojos - eyes
ollas - pots
olvides - forget
  no olvides -
  don't forget
oportunidades -
  opportunities
organizaciones -
  organizations
organización -
  organization
organizar - to
  organize
orgulloso(a) -
  proud
originalmente -
  originally
otoño - autumn
otro(a)(s) - other

P
Pacífico - Pacific
  Océano Pacífico
  - Pacific Ocean
padre - father
padres - parents
paga - s/he pays

pagan - they pay
pago - I pay
país - country
pálida - pale
panel - panel
papeles - papers
papá - dad
para - for
parecía - it seemed
pareja - pair,
  couple
parte(s) - part(s)
participan - they
  participate
participar - to
  participate
participaron - they
  participated
participó - s/he
  participated
particular -
  particular
partido - game
pasa - it happens
  ¿qué pasa? -
  what's
  happening
pasamos - we
  spend (time)
pasar - to happen,
  to spend (time)
paso - I spend

pasé - I spent
pasó - happened
  ¿qué pasó? -
  what happened?
patio - patio
patroncinar - to
  sponsor
peligroso -
  dangerous
pelo - hair
película - movie
pensaba - I, s/he
  thought
pensamos - we
  think, we
  thought
pensar - to think
pensé - I thought
pequeño(a)(s) -
  small
perfecto(a)(s) -
  perfect
periodo - period
periódico -
  newspaper
permiso -
  permission
permítame - allow
  me
permíteme - allow
  me
pero - but
perro - dog

persona(s) -
  person(s)
personales -
  personal
peso - weight
piel - skin
piensan - they
  think
piensas - you think
pienso - I think
piscina(s) - pool(s)
platos - plates
playa - beach
población -
  population
pobre - poor
poco(a) - little,
  few
podemos - we can,
  are able
poder - to be able
podía - I, s/he
  could
podíamos - we
  could
política - political
ponerte - to wear
  (you)
populares - popular
por - for
porción - portion
porque - because
posible - posible

practicamos - we
practice
practicar - we
practice
prefieren - they
prefer
prefiero - I prefer
pregunta - s/he
asks
preguntamos - we
ask
preguntar - to ask
preguntas - you ask
pregunté - I asked
preguntó - s/he
asked
preocupaba -
worried
me preocupaba
- it worried me
preocupada -
worried
preocupes - worry
**no te
preocupes** -
don't worry
preparaba - I, s/he
prepared
preparando -
preparing
preparar - to
prepare

prepararon - they
prepared
presentación -
presentation
presentadores -
presenters
presentar - to
present,
introduce
presentarme - to
introduce
myself
presentó - s/he
presented,
introduced
presidenta -
president
prima - cousin
primarias -
elementary
**escuelas
primarias** -
elementary
schools
primavera - spring
primero(a) - first
principal - main
principio -
beginning
privado(a)(s) -
private
proactiva -
proactive

problema(s) - problema(s)
profesional - professional
profesor(a) - teacher
programa - program
promocionar - to promote
pronto - soon
propietario - owner
próximo(a) - next
proyecto - project
psicología - psychology
publicar - to publish
pude - I could
pueblo - town
pueda - s/he is able, can
puede - s/he is able, can
pueden - they are able, can
puedes - you are able, can
puedo - I am able, can
puerta - door
pues - well, then

punto - point
pusimos - we put
público(a)(s) - public

Q

que - that
qué - what?
quedó - remained
  se quedó - it remained
quejarnos - to complain (we)
quejarse - to complain
queremos - we want
querer - to want
queridas - dear
quería - I, s/he wanted
quien - who
quiere - s/he wants
quieren - they want
quiero - I want
quince - fifteen

R

raíces - roots (as in heritage)
razón - reason

tienes razón - you're right
realidad - reality
realizar - to realize, achieve
realmente - really
recepción - reception
recibí - I received
recibió - s/he received
recibir - to receive
recibiste - you received
recientemente - recently
recoger - to pick up
reconocer - to recognize
recursos - resources
regresar - to return
relación - relationship
renta - rent
representante - representative
residencia - residence, housing complex
residencias - residencies

residente(s) - resident(s)
resolvimos - we resolve
respeto - I respect
responder - to respond
respondí - I responded
respondiste - you responded
respondió - s/he responded
responsables - responsible
respuestas - answers
restaurante(s) - restaurant(s)
resto - rest, left over
reunión(es) - meeting(s)
rojo - red
rompen - they break
romper - to break
ropa - clothes
rubio - blond

S

sábado - Saturday
sabe - s/he knows

96

saben - they know
saber - to know
sabes - you know
sabía - I, s/he knew
sabíamos - we knew
sacar - to take out
sacrificó - s/he sacrificed
sala(s) - living room
salario - salary
sale - s/he leaves, goes out
salen - they leave, go out
salieron - they left, went out
salimos - we leave, go out; we left, went out
salir - to leave, go out
salió - s/he left, went out
saludó - s/he greeted
salí - I left, went out
salón - large room, classroom
saqué - I took out
sartenes - pans
SAT - test taken by high schools students in the U.S. for admission to university
sé - I know
sean - they are
seas - you are
secadora - clothes dryer
sección - section
segmento - segment
seguí - I followed
seis - six
semana(s) - week(s)
sentamos - we sit
　nos sentamos - we sit
senté - I sat
　me senté - I sat
sentí - I felt
　me sentí - I felt
sentía - I, s/he felt
　me sentía - I felt
　se sentía - s/he felt
sentó - s/he sat
　se sentó - s/he sat
señor - sir, mister

señora - ma'am, missus
ser - to be
servicio - service
si - if
sí - yes
siempre - always
siento - I feel, I sit
   me siento - I feel; I sit
siete - seven
significado - meaning
similar(es) - similar
simples - simple
simpático - nice
sin - without
sino - but
sirve - s/he serves
situación - situation
sobre - about
sociales - social
sol - sun
   hace sol - it's sunny
sólo - only
somos - we are
son - they are
sonreímos - we smile
   nos sonreímos - we smile

sonó - s/he, it sounded
sorprendido(a)(s) - surprised
sorprendió - s/he surprised
   se sorprendió - s/he surprised
sorpresa - surprise
soy - I am
Sr. - abbreviation for señor
Sra. - abbreviation or señora
su - his, her, their
subí - I rose, went up
subir - to rise, go out
sueño - dream
suerte - luck
suficiente - sufficient
sugerí - I suggested
supe - I knew, found out about
sus - his, her, their
suyas - his, her, their

T

tablero - black/white board (in a classroom)

tal -
　¿qué tal? - how are ya?

también - also

tan - so

tanto - so much, so many

tarde - late, afternoon

tarea - homework

técnicamente - technically

Tegucigalpa - capital city of Honduras

Tejas - Texas

televisión - television

teléfono - telephone

tema - theme, topic

temporada - season

temprano - early

tenemos - we have

tener - to have

tenga - I, s/he have, has

tengo - I have

tenía - I, s/he had

tenido - had
　haya tenido - has had

tenis - tennis

tentativa - tentative

tercer - third

terminamos - we finished

terminar - to finish, end

terminó - s/he finished, ended

texto(s) - text(s)

ti - you

tiempo - time

tienda(s) - store(s)

tiene - s/he has

tienen - they have

tienes - you have

típica - typical

tipo(s) - type(s)

título - title

tocó - s/he played

todavía - still, yet

todo(a)(s) - all

toma - s/he takes, drinks

tomamos - we take, drink

toman - they take, drink
tomar - to take, drink
tomé - I took, drank
tonterías - nonsense
toqué - I played

trabaja - s/he works
trabajado - worked
   ha trabajado - s/he has worked
trabajadores - workers
trabajan - they work
trabajar - to work
trabajas - you work
trabajo - I work
trabajos - jobs
trabajábamos - we worked
trámites - processes, procedures
tranquilos - calm
tratan - they try
tratarla - to try it
tren(es) - train(s)
tres - three

triste - sad
tu - your
tú - your
turístico(s) - tourist (adj.)
tutores - tutors
tuvimos - we had
tuvo - he had

U

última - last
un(a) - a, an
unas - some
única(o) - only
unidad - unit
unidos - united
   Estados Unidos - United States
universidad(es) - university(ies)
Univisión - Spanish language televisión station
uno - one
unos - some
uso - I use
usó - s/he used
usted - you (formal)
ustedes - you (plural)

V

va - s/he goes
vacaciones - vacation
vamos - we go
van - they go
vas - you go
ve - s/he sees
veces - times, instances
vela - sail
vemos - we see
ven - they see
vengan - they come
venir - to come
veo - I see
ver - to see
verano - summer
verdad - true, truth
verde - green
verdeaderos - Noticias Verdeaderos - name of school TV news program
veremos - we will see
Vermont - state in New England
vestido - dress
vestimos - we dress

nos vestimos - we get dressed
vete - go away
vez - time, instance
vi - I saw
viajamos - we traveled
viajan - they travel
viajar - to travel
viaje(s) - trip(s), journey(ies)
vida - life
vidas - lives
video - video
viene - s/he comes
visitar - to visit
vista - sight
vive - s/he lives
viven - they live
vivero - plant nursery
vivido - lived
he vivido - I have lived
viviendas - housing
vivimos - we live, we lived
vivir - to live
vivo - I live
voluntarias - volunteers

volvemos - we
  return
voy - I go
voz - voice
vuelve - s/he
  returns
vuelven - they
  return

Y
y - and
ya - already
  ya voy - I'm
  coming!
Yelapa - small
  Mexican town
  on Pacfic coast
yo - I

ABOUT THE AUTHOR

Jennifer Degenhardt has been a Spanish teacher for over 25 years. While teaching high school, she realized her own students, many of whom had learning challenges, acquired language best through stories, so she began to write ones that she thought would appeal to them. She has been writing ever since.

Other titles by Jen Degenhardt:

La chica nueva
La chica nueva (the ancillary/workbook volume, Kindle book, audiobook) | The New Girl
El jersey | *Le Maillot* | The Jersey
El viaje difícil
Los tres amigos | Three Friends
María María: un cuento de un huracán | María María: A Story of a Storm
Debido a la tormenta
La lucha de la vida

Follow Jen Degenhardt on Facebook, puenteslanguage.com, Instagram @jendegenhardt9, and Twitter @JenniferDegenh1 or visit the website, www.puenteslanguage.com to sign up to receive information on new releases and other events.

Please also check out some of Jen Degenhardt's titles on www.storylabs.online where they are offered as interactive ebooks, complete with activities for language practice.

103

Made in the USA
Middletown, DE
06 January 2019